甲骨卜辞菁华

祈年篇

张军涛 ◎ 著

安阳师范学院甲骨文研究院

甲骨学与殷商文化研究丛书

郭旭东 ◎ 主编

文物出版社

图书在版编目（CIP）数据

甲骨卜辞菁华 . 祈年篇 / 张军涛著 . -- 北京：文
物出版社，2023.8
ISBN 978-7-5010-7357-3

Ⅰ . ①甲… Ⅱ . ①张… Ⅲ . ①甲骨文—研究 Ⅳ .
① K877.14

中国版本图书馆 CIP 数据核字（2022）第 000516 号

甲骨卜辞菁华 · 祈年篇

著　　者：张军涛

责任编辑：安艳娇
装帧设计：谭德毅
责任印制：张道奇

出版发行：文物出版社
社　　址：北京市东城区东直门内北小街 2 号楼
邮政编码：100007
网　　址：http://www.wenwu.com
经　　销：新华书店
印　　刷：宝蕾元仁浩（天津）印刷有限公司
开　　本：710mm×1000mm　1/16
印　　张：7
版　　次：2023 年 8 月第 1 版
印　　次：2023 年 8 月第 1 次印刷
书　　号：ISBN 978-7-5010-7357-3
定　　价：46.00 元

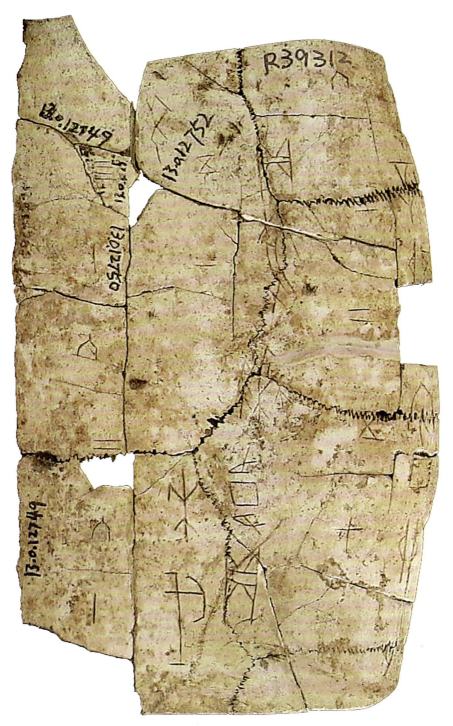

受黍年（《甲骨文合集》9984正）

我受稻年（《甲骨文合集》9950 正）

东土受年（《甲骨文合集》9735）

北土受年（《甲骨文合集》9745）

"屵""斧"两地受年（《甲骨文合集》9791正）

我地受年（《甲骨文合集》5611正）

凡 例

一、"甲骨卜辞菁华"丛书包括商王名号篇、军制篇、战争篇、气象篇、祈年篇、天神篇、梦幻篇、风俗篇、书法篇九册。每册书名采用"甲骨卜辞菁华·某某篇"形式。

二、本丛书所收录甲骨片皆精选内容重要、片形较为完整、字迹较为清晰的甲骨拓片。个别片于书前附其彩图，部分片采用缀合后的拓片。拓片图为单辞条者，一般在前给出能看清刻辞的图版；而多辞条选取一二且不易区分者，前放局部以便分辨刻辞，后放整体以见整片全貌。

三、每片甲骨由整理者根据卜辞主旨拟定名称，具体格式为"某某"卜辞。

四、注释部分由释文、拓片信息、辞语解析及卜辞大意组成。其中，释文以竖排简体形式列于篇名之侧；拓片信息简略介绍所选甲骨片的分期、拓片来源；辞语解析以条目形式，对释文中的重点字词、语法特征及重要历史人物、典章制度等进行简略注释；卜辞大意则是阐述所选相关卜辞的主旨大意，部分卜辞附有相关背景知识的介绍。

五、释文加现代标点，以保证文本的可读性。卜辞中的常见字原则上使用简体中文；部分罕见字为保持原字形架构使用繁体字；而难以隶定之字，则采用原甲骨字形标示。

六、对于原甲骨片中字迹磨灭、缺失及模糊难以隶定的情况，释文中以一"□"标示一字，以"……"标示字数不确定。凡残缺但能据上下文意补定之字，在补定的文字外加"[ ]"标示。

七、为了方便阅读，原甲骨片中的古今字、异体字、通假字，皆随释文直接写成今字、本字，不再另加标示符号，直接在注释中加以说明。

八、丛书所选刻辞甲骨分别采自《甲骨文合集》《小屯南地甲骨》《殷墟花园庄东地甲骨》与《小屯村中村南甲骨》等，正文中多用著录简称，每册后则附录有"甲骨文著录简称与全称对照"表。

九、丛书甲骨文分期采用董作宾的五期断代法，具体如下：第一期，商王武丁及其以前（盘庚、小辛、小乙）；第二期，商王祖庚、祖甲；第三期，商王廪辛、康丁；第四期，商王武乙、文丁；第五期，商王帝乙、帝辛。

十、本书的"辞语解析"部分中参考和选用了已有的甲骨学研究成果，为保持版面美观而不随行文注明，以"参考文献"的形式附录于书后。

前　言

　　农业是以有生命物体为生产对象的自然再生产和社会再生产相结合的过程。考古资料揭示，我国的农业产生于旧、新石器时代交替阶段，距今有1万多年。但那时的农业是社会的附属性生产活动，人们的生活资料很大程度上依赖原始采集渔猎来获得。当农业成为主要生业后，"民以食为天"，人们对农业收成就会特别在意，祈求农业丰收便在情理之中。

　　在我国1万多年的农业社会中，祈年活动及其文化绵延不绝，传世典籍对历代祈年活动多有记载。例如《夏小正》是夏代的历书，其中明确记载夏历"三月"有"祈麦实"习俗。又如成书于汉代的《礼记》有《月令》篇，《月令》按一年十二月，逐月记载每月的天象特征和天子所宜居处、车马、衣服、饮食及所当实行的政令等，其中"是月（一月）也，天子乃以元日祈谷于上帝"。

　　我国古代的祈年遗迹多有发现。最具有代表性的是保存至今，位于北京的祈年殿。祈年殿是北京天坛的主体建筑，又称祈谷殿，是明清两朝孟春（正月）祈谷的专用建筑。祈年殿是一座鎏金宝顶、蓝瓦红柱、金碧辉煌的彩绘三层重檐圆形大殿，直径32.72米，总高38米，采用上殿下屋的构造形式，建于高6米的白石雕栏环绕的三层汉白玉圆台（祈谷坛）上，颇有拔地擎天之势，壮观恢宏。

　　商代的农业已经是当时人们的主要生业，采集渔猎经济处于次要地位。甲骨文是我们能见到的最早的成熟汉字，主要指中国商朝晚期王室用于占卜记事而在龟甲或兽骨上契刻的文字。殷人尊崇鬼神，《礼记·表记》载："殷人尊神，率民以事神，先鬼而后礼。"商朝的人事无巨细都要卜问，占卜内容包括战争、祭祀、气象、农事、疾病、田猎、生育、梦幻等。其中不乏祈年卜辞，通过这些祈年卜辞我们可以欣赏到殷商时期丰富的祈年文化。

　　在殷商人的观念中，上帝是万物主宰，山川河岳也能够左右农业收成；气象，如风雨，乃至彩虹的出现，均能严重影响农业收成。为此他们向这些自然神和先祖祈年。商代农作物有黍、粟、麦、稻等，人们分别为这些农作物祈年。商代的人们已经掌握了一定的农业生产和管理技术，期望诸多劳作皆有收获，故相关农业劳作常伴有祈年活动。商王胸怀四方，不但为王都大邑商祈年，而且祈求殷商"四土"五谷丰登。同时，商王对地方农业生产也不忽视，祈求地方上的农作物能有好的收成。

目　录

虹与农业收成

庚寅卜，古贞：虹不隹（惟）年？

第一期
《甲骨文合集》13443 正

辞语解析

1. 古，写作 _字、_字等形。为商王武丁时期宾组卜辞中的常见贞人名，也用作族地名。《说文》卷三古部："古，故也，从十、口，识前言者也。"

2. 虹，写作 _字、_字等形，象彩虹之形，似首、尾各有一头的龙。《说文》卷十三虫部："虹，蝃蝀也，状似虫，从虫，工声。"见于商王武丁时期的宾组卜辞，用其本义。

在殷商时期，人们认为虹是神象，可以"饮于河"，亦可以给农业收成带来灾害。

3. 隹，写作&、&等形，象鸟展翅之侧视形，是卜辞中一常用字。《说文》卷四隹部："隹，鸟之短尾总名也，象形。"此隹字用为语气助词，含判断或推测语气，就某事或某种现象作出的一种判断或推测。

4. 年，写作&、&等形，从禾在人上。《说文》卷七禾部："&，谷孰也，从禾，千声。"卜辞中常用作名词，指农业收成，如"祷年""受年""害年"等。

卜辞大意

该版由两块牛肩胛骨残片缀合而成，上收藏于山东博物馆，下收藏于天津历史博物馆。

大意是，庚寅日占卜，贞人古卜问："出虹不会对农业收成造成危害吧？"

雨与农业收成

贞：兹雨不惟年祸？

第一期
《甲骨文合集》10143

辞语解析

1. 兹，写作 88、88 等形，二幺相并之形。《说文》卷四丝部："丝，微也，从二幺。"卷一艹部："兹，艹木多益，从艹，兹，省声。"此用作指示代词。

2. 雨，写作 冊、帀 等形，象天幕零雨状。《说文》卷十一雨部："雨，水从云下也。一象天，冂象云，水霝其间也。"此用作名词。甲骨卜辞中有时也用作动词，指降雨，如《合集》1086反："壬戌雷，不雨。"

3. 祸，写作⊡、◈等形，从冎，从卜。《说文》卷一示部："祸，害也，神不福也，从示，咼声。"此用作动词，表有灾祸义。

卜辞大意

该版是卜问雨水是否对农业收成造成危害的牛肩胛骨骨条残片。

大意是，贞问："这场雨不会对农业收成带来灾祸吧？"

雨不正辰

庚辰卜，大贞：雨不正辰，不隹年？

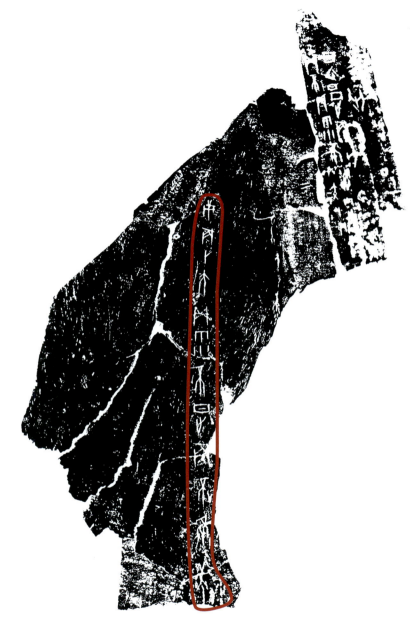

第二期

《甲骨文合集补编》7250

辞语解析

1. 大，写作 $\uparrow$ 、$\uparrow$ 等形，象站立的正面人形。《说文》卷十大部："大，天大，地大，人亦大，故大象人形。"此为殷墟甲骨出组、何组卜辞中常见的贞人名。为第二期祖庚、祖甲时卜人。

2. 正，写作 、 等形。甲骨卜辞中正字一般从止，从口，所从口偶或线化为一横笔，作 。该版中 与 并作，前一字形于口内添加一短横为饰，非从日，也可能是误刻。在此用作形容辞，表适合、顺利之义。殷人以"正"或"有正"为吉。此与《诗经·小雅》"雨无正"之"正"义同。《雨无正》开篇曰："浩浩昊天，不骏其德。降丧饥馑，斩伐四国"，其中"降丧饥馑"应为"雨无正"所致。或释足亦可。

3. 辰，写作 、 等形，或曰象农具形。《说文》卷十四辰部："辰，震也。三月阳气动，雷电振，民农时也，物皆生。从乙、匕，象芒达，厂，声也。辰，房星，天时也。"此用作时间名词，指日辰。《尔雅·释训》："不时，不辰也。"郭注："辰亦时也。"《仪礼·士冠礼》："吉月令辰，乃申尔服。"郑注："辰，子丑也。"

卜辞大意

　　该版是牛肩胛骨骨条及骨面的残片，所选卜辞单列，自上而下刻写于骨面上。

　　大意是，庚辰日占卜，贞人大卜问："雨下的不是时候，不会对农业收成带来灾祸吧？"

帝害年

贞：惟帝害我年？二月。

第一期
《甲骨文合集》10124正

辞语解析

1. 帝，写作 𥝌、𥝌 等形，用作神名，即上帝，为至上神。《说文》卷一上部："帝，谛也，王天下之号也，从上，朿声。"《尔雅·释诂上》："帝，君也。"在殷人看来，帝具有掌控风雨雷等气象的神能，可降下灾祸，故而能左右农业收成。

2. 蚩，写作 、 等形，从横止在虫上，裘锡圭释其为辈，读作害。《说文》卷五舛部："辈，车轴耑键也，两穿相背，从舛、禼省声。"此用作动词，表使有灾患之义。罗振玉释眚，谓为灾害字。

3. 我，写作 𢦏、𢦏等形，象刃部作齿状的带柲兵器。《说文》卷十二我部："我，施身自谓也。或说：我，颀顿也。从戈、从ナ。ナ，或说古垂字；一曰古杀字。"此用作第一人称代词，为集合名词，指"我朝""我方"之义。

卜辞解说

殷历二月贞问："上帝会给我们的农业收成降下灾害吗？"

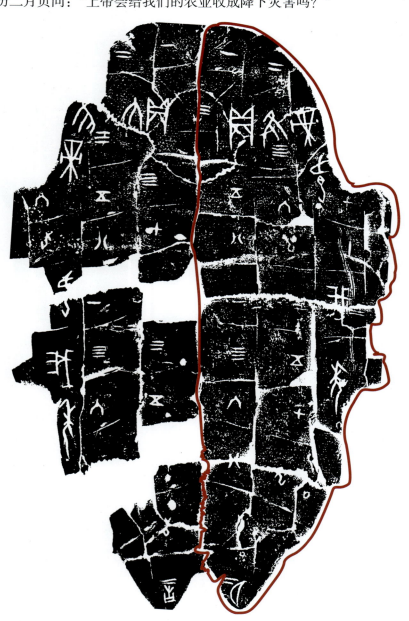

帝令雨

贞：帝令雨，弗其正年？

第一期

《甲骨文合集》10139

辞语解析

1. 令，写作🥄、🥄等形，从亼，从卩，亼或省作𠆢形。《说文》卷九卩部："令，发号也，从亼卩。"此用作动词，表命令义。

2. 弗，写作弗、弗等形，从丨丨，从己，或曰象以绳索捆缚物品形。《说文》卷十二丿部："弗，挢也，从丿，从乀，从韦省。"此用作否定副词，用法与"不"相近，多用来表示可能性和事实的否定。

3. 正，写作正、正等形。在此用作形容词，表适合、顺利之义。亦可释足，足年即好年成。

卜辞大意

卜问："上帝让下的雨，对农业丰收不利吗？"

河不害我年

河弗害我年？

甲骨卜辞菁华·祈年篇

第一期
《英国所藏甲骨集》780 正

辞语解析

1. 河，甲骨卜辞河字作ㄅ、ㄅ等形，从水，可声；或作ㄅ、ㄅ、ㄅ、ㄅ等形，从
   水，何声。《说文》卷十一水部："河，水出焞煌塞外昆仑山，发原注海，从
   水，可声。"此为甲骨文黄河之专用字，多指河神，对其祭祀多与祈年、求雨
   相关。

卜辞大意

黄河之神不会给我们的农业收成降下灾祸吗？

岳害年

壬申卜，贞：岳害年？

第一期

《甲骨文合集》10126

辞语解析

1. 岳，写作 ⛰、⛰ 等形，山岳。《说文》卷九山部："岳，东岱、南霍、西华、北
   恒、中泰室，王者之所以巡狩所至，从山、狱声。"卜辞多用为祭祀对象，指
   岳神。

卜辞大意

　　壬申日贞问："岳神会给农业降下灾祸吗？"

二 向神灵祈年

秦年于岳

癸卯卜，亘贞：秦年于岳？

甲骨卜辞菁华·祈年篇

第一期

《北京大学珍藏甲骨集》25 正

辞语解析

1. 亘，写作ᴄ、ᴒ等形，抽象表示回还曲折状。《说文》卷十三二部："亘，求亘也，从二，从囬。囬，古文回，象亘回形，上下所求物也。"商王武丁时期的贞人名。

卜辞大意

所选向岳神祈年卜辞刻写于牛肩胛骨骨首部位。

大意是，癸卯日占卜，贞人亘贞问："向岳神祈祷农业丰收吗？"

莑年于社

丙子卜，宾贞：莑年于邦土（社）？

第一期
《甲骨拼合集》68（赵鹏缀合）

辞语解析

1. 邦，写作等形，从丰在田上，与《说文》邦字古文近同。《说文》卷六邑部：
   "邦，国也，从邑，丰声。"此用作地名。

2. 土，写作Δ、Ω等形，象高起的土堆之形。《说文》卷十三土部："土，地之
   吐生物者也。二象地之下地之中物出形也。"《尔雅·释言》："土，田也。"此
   用作祭祀对象，指土地神，读作社。

卜辞大意

　　所选卜辞刻写于牛肩胛骨的骨面，纵向单列自上而下刻写，"土"字下部因
骨版残断而缺失。

　　大意是，丙子日占卜，贞人宾卜问："向邦地的土地神祈求农业丰收吗？"

蓁禾于滴

……蓁禾于滴，有大〔雨〕? 吉。

第三期
《甲骨文合集》28243

辞语解析

1. 滴，写作𣲖、𣴎等形，水名，此指滴水之神。

2. 禾，写作𣎴、𣎴等形，象禾苗形。农作物的统称，此指农作物的收成。《说文》卷七禾部："禾，嘉谷也，二月始生，八月而孰，得时之中，故谓之禾。禾，木也。木王而生，金王而死。从木、从𠂹省。𠂹象其穗。"本义指禾苗、庄稼，此用来表收成义，与"年"相当。卜辞中常用"禾""年"表"收成"义，相对来说，后者更常见。

卜辞大意

向滴水之神祈求农业丰收，是否会下大雨，占卜呈现为吉兆。

𠦪年于四方、风

贞：禘于东方曰析，风曰劦，𠦪年？

第三期

《甲骨文合集》14295

辞语解析

1. 禘，写作□、□等形，祭祀动词。
2. 析，写作□、□等形，东方神名。
3. 劦，写作□、□等形，东方风神名。

卜辞大意

贞问："向东方神析、风神劦祈祷农业丰收吗？"

该版腹甲上有向四方神、四方风神祈祷农业丰收的占卜，展现了殷商时期人们观念中四方各有方向神和风神，并对农业收成有重大影响，与《尚书·尧典》《山海经》等先秦典籍中有关四方神、四方风神的记载相吻合，弥足珍贵。

萆年于王亥

贞：于王亥萆年？

第一期
《甲骨文合集》10105

辞语解析

1. 亥，写作ਅ、ੴ等形，卜辞习用作地支名。《说文》卷十四亥部："亥，荄也。十月微阳起，接盛阴。从二，二，古文上字。一人男，一人女也。乙，象怀子咳咳之形。"

2. 王亥，作为殷先公名，合文作ਅ、ੴ、ੴ等形。据王国维考证，王亥为上甲之父，即《山海经·大荒东经》之王亥，古本《竹书记年》作"殷王子亥"，今本《竹书记年》作"殷侯子亥"，《系本》作"核"，《天问》作"该"，《汉书·古今人表》作"垓"，《史记·殷本纪》讹作"振"。

卜辞大意

贞问："向先公王亥祈祷农业丰收吗？"

桼年于上甲

甲子卜，古贞：桼年自田（上甲）？九月。

第一期
《甲骨文合集》10111

辞语解析

1. 自，写作𦣹、𦣻等形，象鼻子形。《说文》卷四自部："自，鼻也，象鼻形。"此用作介词，表由、从之义。

2. 上，写作𠄞、二等形，在一长横（或作向上弯曲状）之上附加一短笔，上部一短笔指示方位所在。《说文》卷一上部："丄，高也，此古文上，指事也。"

3. 田，为殷先公上甲之专用字，从十在口中。"十"之上下左右一般不与口相连。也可写作田、田、田等形，可以看作是"上甲"之合文。《说文》卷十四甲部："甲，东方之孟，阳气萌动，从木戴孚甲之象。一曰：人头宜为甲，甲象人头。"上甲即《殷本纪》之"微"，司马贞索隐引皇甫谧说云："微字上甲。"

卜辞大意

殷历九月的甲子日占卜,贞人古卜问:"向自上甲以下的众祖先祈祷农业丰收吗?"

御年于上甲

戊子卜，贞：御年于上甲？五月。

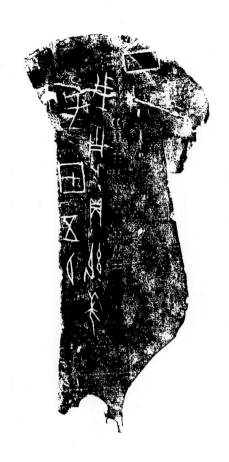

第一期
《英国所藏甲骨集》788

辞语解析

1. 钾（御），写作 ⿰、⿱ 等形，从卩，午声。御祭，祛除灾害的一种祭祀。

卜辞大意

殷历五月的戊子日占卜："御祭上甲为农业祛除灾害吗？"

桒年于大甲

癸丑卜，殻贞：桒年于大甲十宰，祖乙十宰？

第一期

《甲骨文合集》10115

辞语解析

1. 殻，写作 𑂶、𑂷 等形，商王武丁时期的重要贞人名。

2. 大甲，殷先祖名。甲骨文中殷先王大甲即《史记·殷本纪》之殷先王太甲。

3. 祖乙，殷先祖名。

4. 宰，写作 𑀰、𑀱 等形，从羊在 𑀴（或作 𑀵）中，或省作 𑀶。卜辞用作名词，指经过特殊豢养以供祭祀之用的羊。

卜辞大意

　　癸丑日占卜，贞人殻卜问："用十宰分别向大甲、祖乙祈求农业丰收吗？"

求年于娥

贞：勿于丁求年娥？

第一期

《甲骨文合集》10128

甲骨卜辞菁华·祈年篇

辞语解析

1. 求，作 𝄞、𝄞、𝄞、𝄞、𝄞 等形。罗振玉、王国维释为裘之古文，裘锡圭释为蛷之初文，然两说皆主张卜辞中该字用作求。裘说较为可信。《说文》无求字，以 𝄞 为裘之古文。卷八裘部："裘，皮衣也，从衣，求声。一曰象形，与衰同意。"《广韵》尤韵："蛷，蛷螋虫。"用作动词，表祈求义。也有学者释此字为祷求之祷。

2. 娥，写作 𝄞、𝄞 等形，从我，从女。《说文》卷十二女部："娥，帝尧之女，舜妻娥皇字也。秦晋谓好曰娃娥。从女，我声。"用作祭祀对象，为神灵名。

卜辞大意

贞问："不要在丁日向娥祈求农业丰收吗？"

秦年于高祖

己酉卜，祝贞：秦年于高祖？四月。

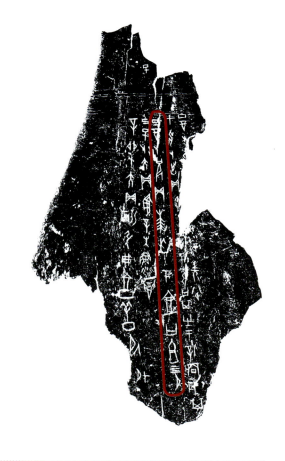

第二期

《甲骨文合集》23717

辞语解析

1. 祝，写作 𝌆、𝌇 等形，象突出口部的跪踞人形。《说文》卷一示部："祝，祭主赞词者，从示，从人、口。一曰从兑省。《易》曰：'兑为口为巫。'"此处用作人名，是出组卜辞中常见贞人。

2. 高，写作 𝌆、𝌇 等形，象高堂建筑形，卜辞习追加口旁。《说文》卷五高部："高，崇也，象台观高之形，从门、口，与仓、舍同意。"常用在祖、妣之前，作形容词，表高上、崇高之义。

卜辞大意

殷历四月的己酉日占卜，贞人祝卜问："向高祖祈求农业丰收吗？"

黍田年鲁

丁巳卜，㱿贞：黍田年鲁？四月。

第一期

《殷虚文字乙编》7781

辞语解析

1. 田，写作田、畕、畾等形，从囗，中间横竖交叉之笔画，象阡陌交错形。《说文》卷十三田部："田，陈也，树谷曰田，象四口。十，阡陌之制也。"此用本义，指农田。

2. 鲁，写作🐟形，从鱼，从口。《说文》卷四白部："鲁，钝词也，从白，䴗省声。《论语》曰：'参也鲁。'"此用作谓语，表美好之义。

卜辞大意

殷历四月的丁巳日占卜，贞人㱿卜问："种黍的农田会生长良好吗？"

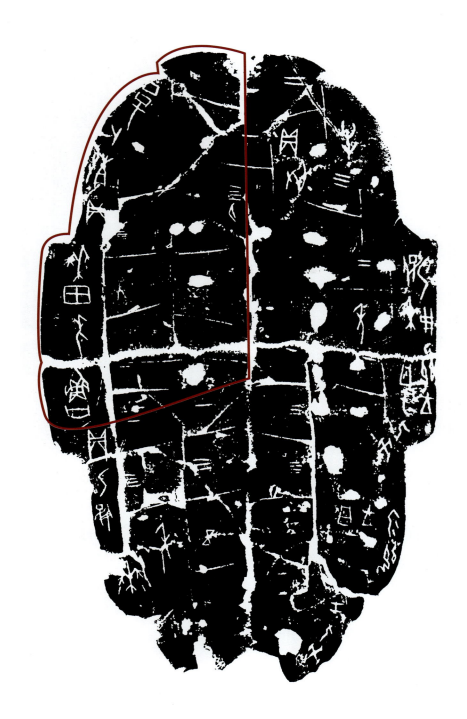

受黍年

辛卯（卜），宾贞：受黍年？

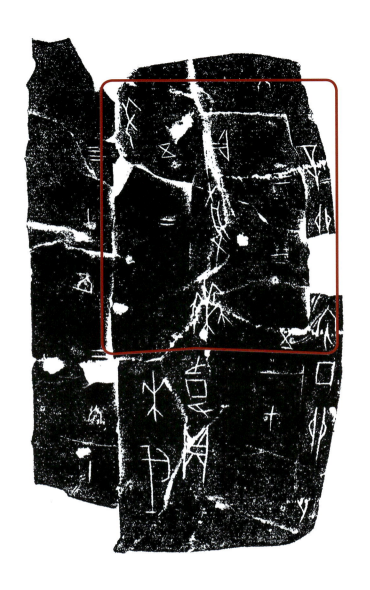

第一期
《甲骨文合集》9984正

卜辞大意

辛卯日占卜，贞人宾卜问："黍会获得好年成吗？"

正月食麦

月一正曰食麦。

第二期
《甲骨文合集》24440

辞语解析

1. 月一正，即殷历正月。

2. 曰，写作⊟形，从口，于口形上方添加一短横作为指事符号，表所谓之义。

3. 食麦，即食新麦。古代有新麦成熟之后先来祭献祖先的"尝麦"礼俗，《吕氏春秋·孟夏纪》："孟夏之月……农乃升麦，天子乃以彘尝麦，先荐寝庙。"《逸周书·尝麦解》："维四年孟夏，王初祈祷于宗庙，乃尝麦于太祖。"此辞全版缺刻横画。

卜辞大意

谚语说殷历正月食新麦。

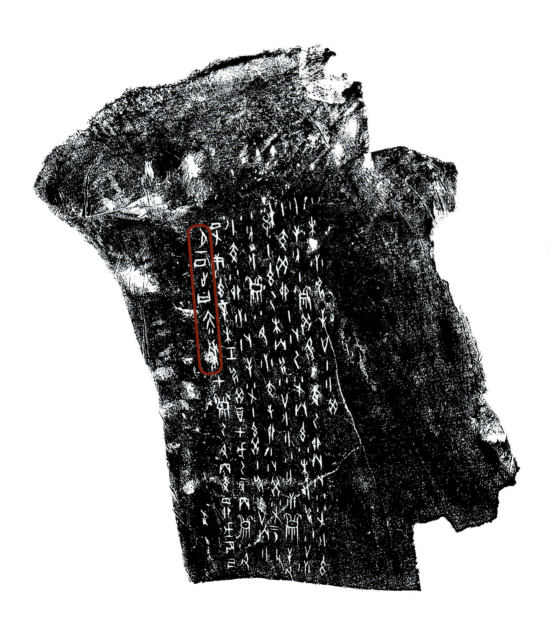

告麦

[己亥]卜，宾：翌庚子有告麦？允有告麦。

第一期

《甲骨文合集》9620

辞语解析

1. 宾，写作 𠈌、𠈌 等形。商王武丁时期的重要贞人。

2. 翌，写作 𦏡、𦏡 等形，象鸟羽之形，羽追加日旁或立旁则孳乳为翌，用作时间指示词，读作翌，在卜辞中多指次日。

3. 告麦，胡厚宣认为"侯伯之国来告麦之丰收于殷王"。

4. 允，写作 𠃌、𠃌 等形，从 𠃌 在人上。《说文》卷八儿部："允，信也，从儿，㠯声。"允多见于验辞，表确实之义。

卜辞大意

　　己亥日占卜，贞人宾卜问："第二天庚子有告麦礼？"第二天的确有告麦礼。

我受粟年

庚申卜，贞：我受粟年？三月。

第一期

《甲骨文合集》10024 正

辞语解析

1. 粟，写作 🌾、🌾 等形，从禾，周围或加数双钩点，或加实点，释为粟。

卜辞大意

殷历三月的庚申日占卜："我们的粟会丰收吗？"

受粟年

贞：弗其受粟年？

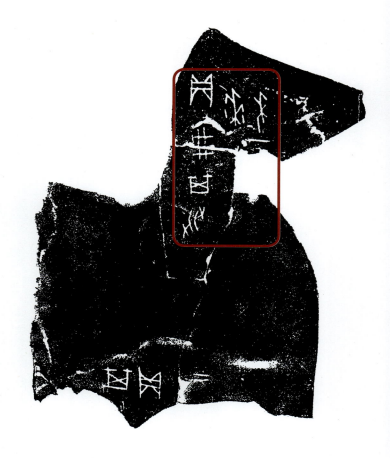

第一期

《甲骨文合集》10034

卜辞大意

贞问："粟不会丰收吗？"

不受䆥年

贞：不其受䆥年？

第一期
《甲骨文合集》10051

辞语解析

1. **䆥**，写作 、 等形，从米在 上，农作物名。唐兰释为"稻"，陈梦家释为"秬"。裘锡圭指出："究竟该释作什么字，是一个尚未解决的问题。"

卜辞大意

贞问："**䆥**不会丰收吗？"

受耑年

甲子卜，宾贞：我受耑年？

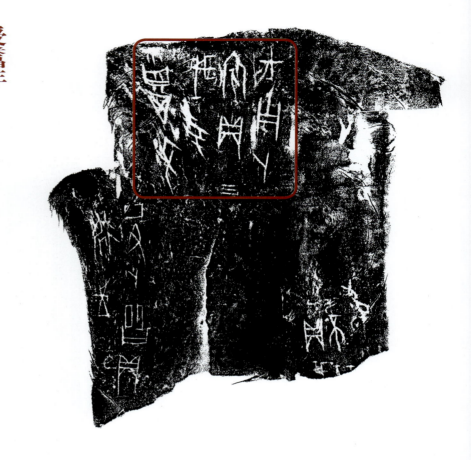

甲骨卜辞菁华·祈年篇

第一期

《甲骨文合集》10042

....

卜辞大意

甲子日占卜，贞人宾卜问："我们的耑会丰收吗？"

受稻年

癸卯卜，古贞：王于稻侯，受稻年？十三月。

第一期
《醉古集》344

辞语解析

1. 稻，写作⿰形，从黍，从水，或释为稻。

2. 侯，作⿰、⿰、⿰等形。即时候、时节。

3. 十三月，殷历一年一般为十二个月，一年有"十三月"，是该年年终置闰的表现。

卜辞大意

　　殷历十三月的癸卯日占卜，贞人古卜问："商王在种稻的时节种稻能否有好收成？"

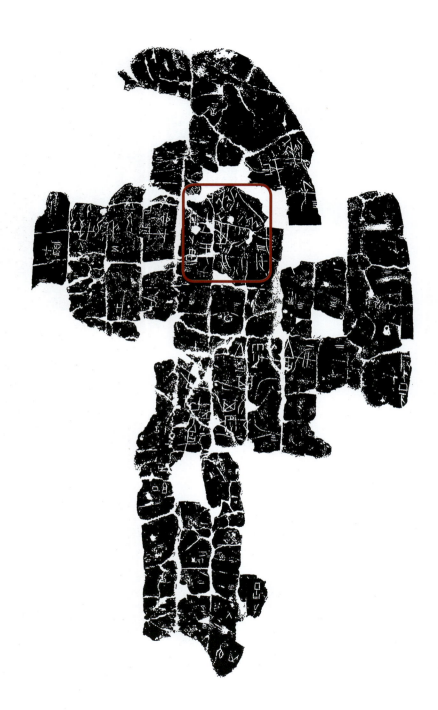

我受稻年

1 丙辰卜，㱿贞：我受稻年？

2 丙辰卜，㱿贞：我弗其受稻年？四月。

2

1

第一期

《甲骨文合集》9950 正

卜辞大意

1.丙辰日占卜，贞人㱿卜问："我们的水稻能有好收成？"

2.殷历四月（丙辰）日，贞人㱿又从反面贞问："我的稻还是不能有好收成？"

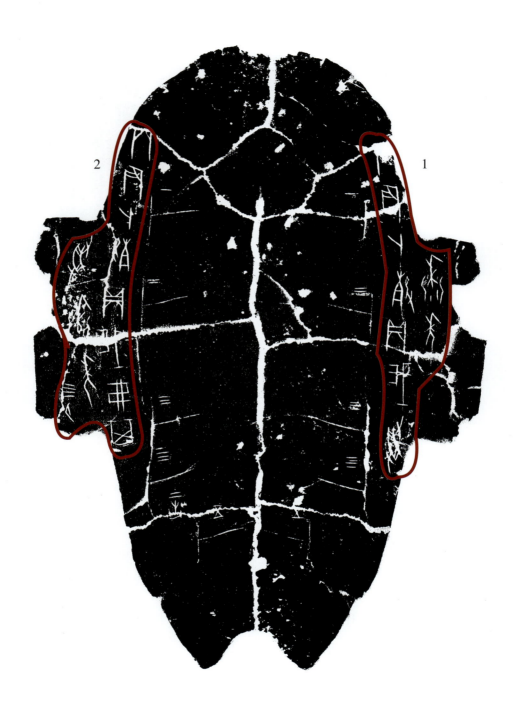

秜受年

〔丁〕酉卜，争贞：乎甫秜于姐，受屮（有）年？

第一期

《甲骨文合集》13505正

辞语解析

1. 甫，写作 𤰔、𤲮 等形，从屮在田上，亦圃之初文，此用作人名。

2. 秜，写作 𥠧 形，从禾，尼声。《说文》卷七禾部："秜，稻今年落，来年自生，谓之秜，从禾，尼声。"秜本为谷类之作物，此用作动词，有种秜之义。

3. 姐，写作 𡣪、𡥵 等形，从女，从自，作地名。学界多持姐地属殷商王朝西土说。

卜辞大意

丁酉日占卜，贞人争卜问："派甫到姐地秜种庄稼，会有好收成吗？"

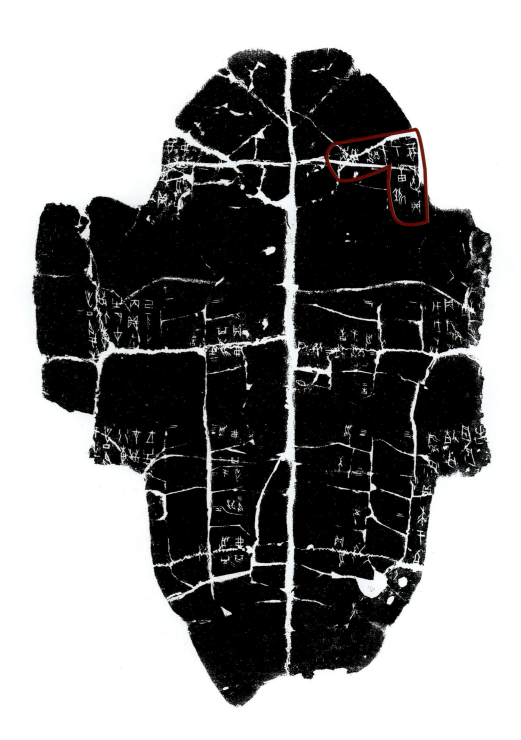

畬受年

贞：我受畬年？在
㸚。

第一期

《殷虚文字乙编》771

55

三　农作物与年成

辞语解析

1. 畬，写作畬形，从￼在田上，刘桓释其为畬，读作稌。《说文》卷七禾部："稌，稻也，从禾，余声。"

2. 㸚，地名。

卜辞大意

在㸚卜问："我们的畬田会有好收成吗？"

四　劳作与年成

种黍

……宾贞：呼黍于臺、宜，受[年]？

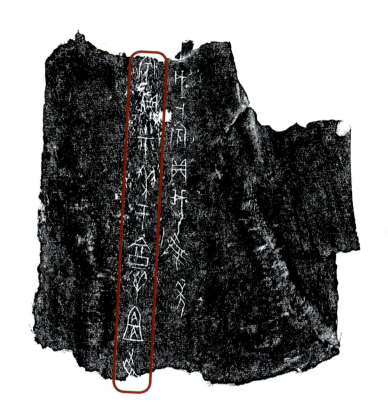

第一期

《甲骨文合集》9537

辞语解析

1. 臺，写作 🔲、🔲 等形，用作地名。从亯，从羊。敦、孰、熟诸字从此。《说文》卷五亯部："臺，孰也，从亯，从羊，读若纯。"

2. 宜，写作 🔲、🔲 等形，象陈肉于俎之形。《说文》卷十四且部："俎，礼俎也，从半肉在且上。"此作名词，为地名。

卜辞大意

贞人宾卜问："派人在臺、宜地种黍，会丰收吗？"

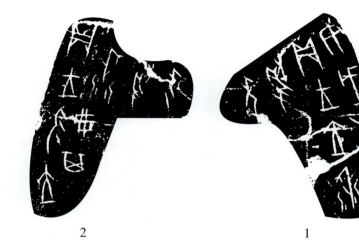

2   1

种稻

2　　1

贞　　庚
：　　戌
王　　卜
勿　　，
立　　𣪊
稻　　贞
，　　：
弗　　王
其　　立
受　　稻
年　　，
？　　受
　　　年
　　　？

第一期

《甲骨文合集》9525正

. . . .

辞语解析

1. 立，写作 ⿱𠆢立、⿱人立 等形，为动词，意为种。"立稻"即种稻。有学者认为"立稻"很可能就是后世的育秧别栽技术，可备一说。

2. 弓（勿），写作 ⿰弓丶、⿰弓丶 等形，从弓，于弓背处添加两点笔，用作否定副词，读作勿。

卜辞大意

1. 庚戌日占卜，贞人𣪊从正面卜问："商王莅临种稻现场，会丰收吗？"

2. 从反面卜问："商王不莅临种稻现场，不会丰收吗？"

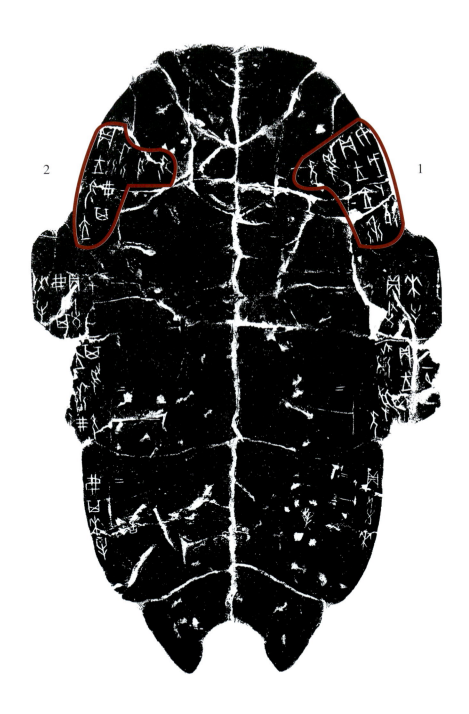

劦田与年成

……大令众人曰：劦田，其受年？十一月。

第一期

《甲骨拼合集》133（刘影缀合）

辞语解析

1. 众，写作、等形，从日，下有三人。卜辞用作名词，指一般民众。姚孝遂曰："'众'或'众人'的身份不可能是奴隶，没有一条卜辞可以证明他们的身份是奴隶。他们是商代从事劳动生产及参加军事组织的基本人员，是具有自由身份的氏族成员。"

2. 劦，写作、等形，从三力，或追加口旁，于义无别。《说文》卷三劦部："劦，同力也，从三力。"劦田有三种解释：一为致力于田，犹如《尚书·周书·多方》"力畋尔田"之"力畋"；二为协耕，犹《周礼·地官司徒·里宰》

"以岁时合耦于耡，以治稼穑"，劦用作合和义；三为有关耕田之祭祀。三种说法似皆可通。

卜辞大意

殷历十一月，商王命令众人全力种田，是否有好收成。

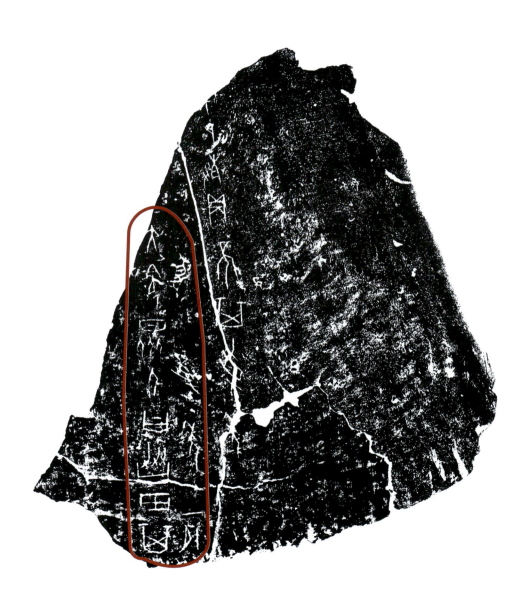

耤田与年成

……雷耤在名，受⊥（有）年？

甲骨卜辞菁华·祈年篇

第一期

《甲骨文合集》9503正

- -

辞语解析

1. 雷，写作⟡、⟡等形。人名。
2. 耤，写作⟡、⟡等形，象人手持耒具耕作状，泛指耕、种等农事活动。
3. 名，写作⟡、⟡等形。地名，一个称为名的地方。

卜辞大意

雷在名地耤田，会丰收吗？

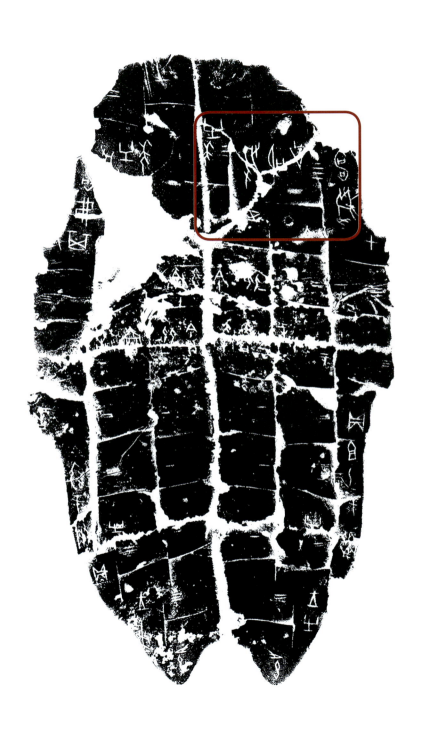

四 劳作与年成

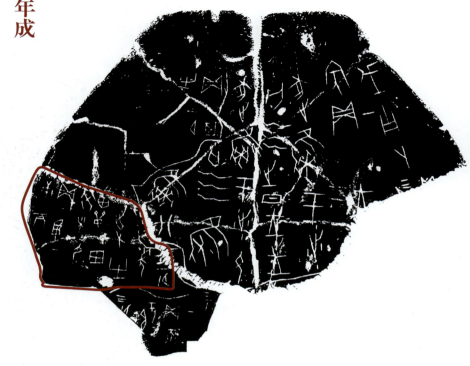

第一期
《旅顺博物馆所藏甲骨》336

辞语解析

1. 屎，写作🐾、🐾等形，与农业有关的动词。象人拉屎之形，或认为此即"屎"字，指给农田施用粪肥。
2. 西单，地名。

卜辞大意

殷历十三月的庚辰日占卜，贞问："接下来的癸未日给西单田施肥，会有好收成吗？"

出叙与年成

1 暮出叙，受年？吉。

2 及兹夕出叙，受年？大吉。

3 于生夕出叙，受年？吉。

4 叀丁卯出叙，受年？

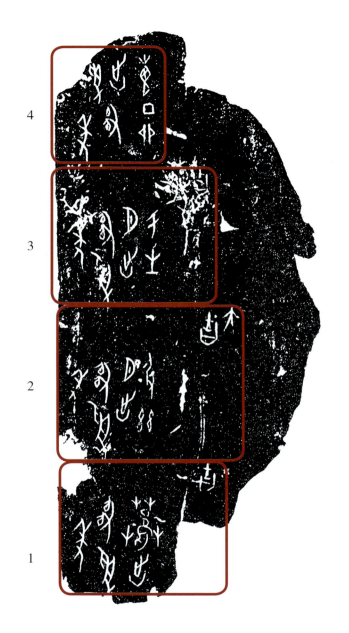

第三期

《小屯南地甲骨》345

辞语解析

1. 暮，写作 、 、 等形，甲骨文暮字一般从日在四中（或作木）中。该卜辞

中暮字追加隹旁。《说文》卷一茻部："莫，日且冥也，从日在茻中。"莫即古

暮字。

2. 叙，写作🅰形，从又持二卤，用作动词，表收割、收获义。

3. 夕，写作𝄇、𝄇等形，象弯月形，用作时间名词，指日夕，约相当于黄昏前后。

4. 生，写作⾋形，从屮在一上。《说文》卷六生部："生，进也，象艸木生出土上。"生夕，下一个傍晚。

卜辞大意

占卜外出收割庄稼的具体时间，确保有好收成。

"暮""夕"是每日时辰的称谓，"暮"即黄昏，"兹夕"为今晚，"生夕"为明晚。收获时间已准确到具体的时辰"暮"或"夕"，可见商人对收获时间高度重视。卜辞反复贞问，表明商人对收获时间多次考虑，确保最佳时辰收割，最大程度减少粮食损耗。天黑之前去收获，不但免受太阳曝晒，而且此时黍粒不易脱落，可降低损耗。

1. 天黑出去收割禾穗，会有好收成吗？

2. 到了夜里出去收割禾穗，会有好收成吗？

3. 于下一个月出去收割禾穗，会有好收成吗？

4. 只有丁卯日出去收割禾穗，会有好收成吗？

垦田与年成

……弜垦，弗受有年？

第三期

《甲骨文合集》28198

辞语解析

1. 弜，否定词，相当于勿。
2. 垦，写作🐂、🐂等形，开垦田地。

卜辞大意

……不开垦田地，就不会有好年成吗？

田猎与年成

乙卯〔卜〕，□贞：乎田于，受年？十一月。

第一期

《甲骨文合集》9556

辞语解析

1. 田，用作动词，指田猎。有学者指出，商代田猎的目的是为农田除害，或训练军队。

2. ，从木，上有 形，用作地名。

卜辞大意

殷历十一月乙卯日，某贞人卜问："命令在 地畋猎，会有收获吗？"

五 四土受年

四土受年

1 己巳王卜，贞：……[今]岁商受
  [年]？王占曰：吉。

2 东土受年？

3 南土受年？吉。

4 西土受年？吉。

5 北土受年？吉。

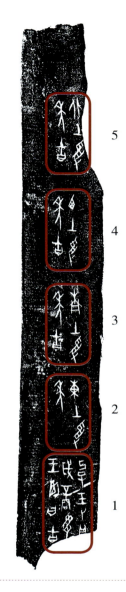

5

4

3

2

1

第五期
《甲骨文合集》36975

73

五 四土受年

辞语解析

1. 岁，写作 ⼸、⽖、⾺ 等形，从戉，从二止，二止多省作两点，或全部省去。用作时间名词。陈梦家解释此"岁"为农作物之季节，并言一年可分为两岁。

2. 商，写作 ⾼、⽅、⽉ 等形，从辛在丙上。用作地名。此"商"与"大邑商""天邑商"所指相同，指当时殷商王朝的都城。

卜辞大意

1.己巳日商王亲自占卜，贞问："今岁殷商王都及其周边农业会丰收吗？"商王看了卜兆，认为是吉兆。

2.接下来贞问："东土农业会丰收吗？"

3.又贞问："南土农业会丰收吗？"卜兆呈现的是吉兆。

4.又贞问："西土农业会丰收吗？"吉兆。

5.又贞问："北土农业会丰收吗？"吉兆。

《合集》36975版为牛肩胛骨骨条的一部分，自下而上排列五条卜辞。此五条卜辞为一组，其中"己巳"条辞例基本完整，为这一组卜辞的领辞，其他四条卜辞为其属辞。四条属辞皆承接其领辞而省略前辞，仅书核心内容。《合集》36975版主题为占卜"受年"，从其字形特征看，属黄组。此一组五条卜辞分别卜"商"与"东土""南土""西土""北土""受年"，顺时针序列卜"四土"。此卜辞内容反映出殷人以"商"为中心的"四土"观念。

东土受年

1 甲午卜，征贞：东土受年？

2 甲午卜，征贞：东土不其受年？

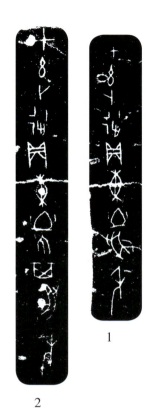

1

2

第一期

《甲骨文合集》9735

辞语解析

1. 征，写作𢓨、𢓸等形，从彳，从止。征、徙、延古本一字，此为贞人名。

卜辞大意

1. 甲午日占卜，贞人征卜问："东土农业会有好收成吗？"

2. 甲午日又占卜，贞人征卜问："东土农业不会有好收成吗？"

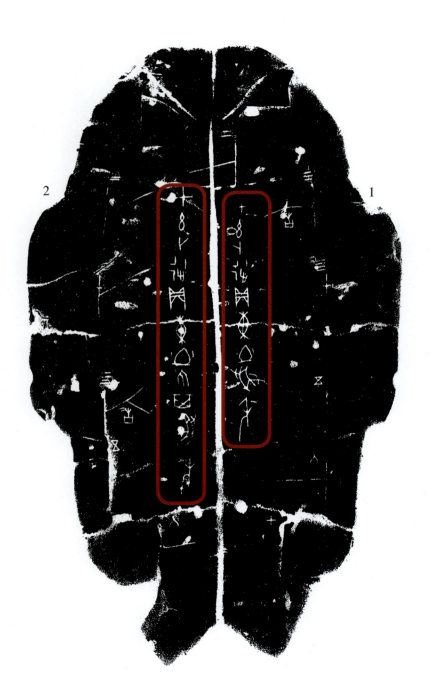

南土受年

甲午卜，亘贞：南土受年？

第一期

《甲骨文合集》9738

辞语解析

1. 亘，贞人名。

卜辞大意

甲午日占卜，贞人亘卜问："南土农业会有好收成吗？"

西土受年

1 甲午卜，宾贞：西土受年？

2 贞：西土不其受年？

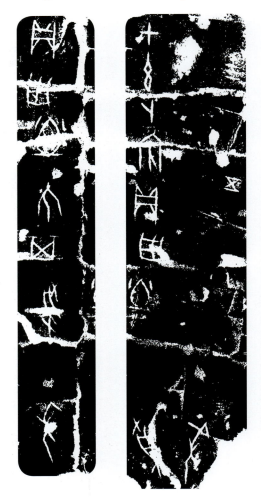

第一期

《甲骨文合集》9742正

辞语解析

1. 宾，贞人名。

卜辞大意

1.甲午日占卜，贞人宾卜问："西土农业会有好收成吗？"

2.贞人又从反面卜问："西土农业不会有好收成吗？"

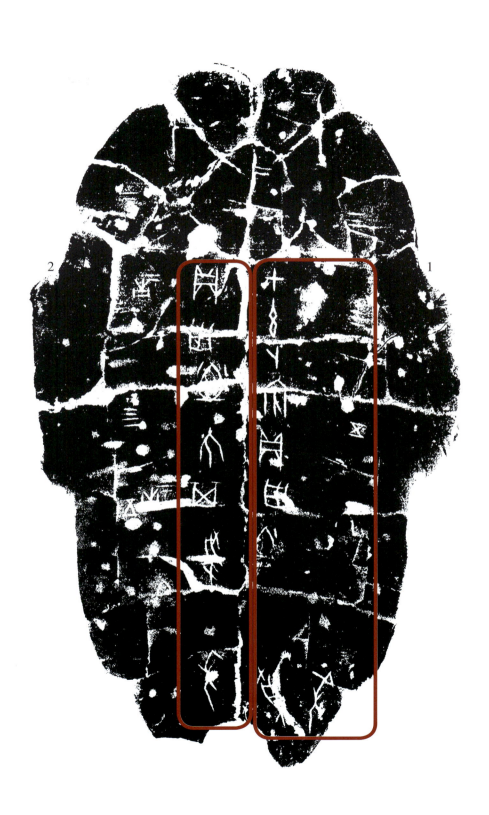

2

1

79

五　四土受年

北土受年

1 甲午卜，𠂤贞：北土受年？

2 甲午卜，𠂤贞：北土不其受［年］？

第一期

《甲骨文合集》9745

辞语解析

1.𠂤，商王武丁时期的贞人名。

卜辞大意

1.甲午日占卜，贞人𠂤卜问："北土农业会有好收成吗？"

2.甲午日又从反面卜问："北土农业不会有好收成吗？"

四方受禾

1 癸卯，贞：东受禾？

2 北方受禾？

3 西方受禾？

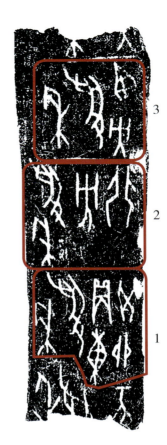

第四期

《甲骨文合集》33244

辞语解析

1. 东，作 、 等形，指东方。

2. 方，四方之方。

卜辞大意

1.癸卯日占卜："东土农业会有好收成吗？"

2.北方农业会有好收成吗？

3.西方农业会有好收成吗？

問『詩』『㓞』兩地受年

1 辛巳卜，爭貞：詩不其受年？

2 貞：㓞不其受年？二月。

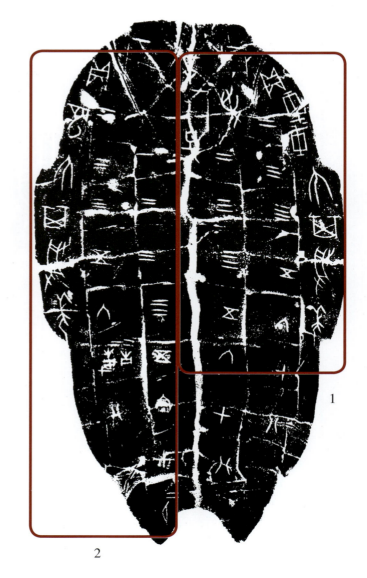

第一期
《甲骨文合集》9775正

82

甲骨卜辭菁華・祈年篇

辞语解析

1. 爭，写作 🖐、🖐 等形，象二手（又）上下相向执 乚 作争夺状。《说文》卷四受部："争，引也，从受、厂。"此用作名词，是商王武丁时期常见的贞人名。

2. 詩，写作 🔣、🔣 等形，从二止上下相对，此用作地名。

3. 㓞，写作 🔣、🔣 等形，从目，于下方引出一曲笔，此用作地名。

卜辞大意

1.辛巳日占卜，贞人争卜问："諄地的农业不会有好收成吗？"

2.殷历二月又卜问："罚地的农业不会有好收成吗？"

学界均认为"諄"与"罚"两地距离较近，但对两地的地望有不同认识。认为两地同在殷商"西土"者，又有山西省说和晋中晋南说两种说法。认为两地同在殷商"东土"者，指出其在今山东省境内。虽然学界对"諄""罚"两地地望有不同意见，但均认为此两地同属殷商的某一"土"。

2　　　　　1

「豈」「𠨗」两地受年

1 贞：豈不其受年？

2 贞：𠨗不其受年？

第一期

《甲骨文合集》9791 正

辞语解析

1. 豈，写作𠨗、𠨗等形，象刀首脊背处作雕饰状，裘锡圭释为豈字初文，此处用作地名。

2. 𠨗，写作𠨗、𠨗等形，象双手（或作二爪）持丨，并于丨之上端添加对称的二斜笔，此处用作地名。

卜辞大意

1.卜问："豈地的农业不会有好收成吗？"

2.又继续卜问："𠨗地的农业不会有好收成吗？"

学界对"豈"与"𠨗"两地地望说法较为一致，认为此两地均在今山西境内，同属殷商"西土"。

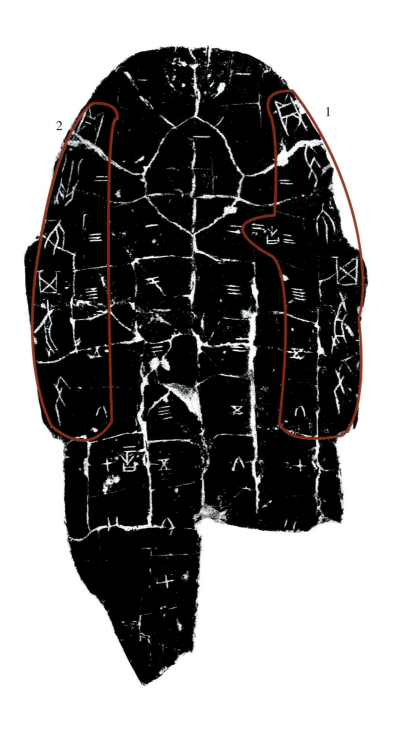

五　四土受年

2

1

我地受年

1 丙子卜，韦贞：我受年？

2 丙子卜，韦贞：我不其受年？

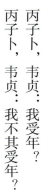

甲骨卜辞菁华·祈年篇

第一期

《甲骨文合集》5611正

辞语解析

1. 韦，写作 ♦、♦ 等形，从二止在口上下，此处用为商王武丁时期的贞人名。

2. 我，表复数，指我们。

卜辞大意

1.丙子日占卜，贞人韦卜问："我们的农业会有好收成吗？"

2.丙子日贞人韦又从反面卜问："我们的农业不会有好收成吗？"

87

五 四土受年

鱼受禾

辛卯卜，何贞：鱼今岁受禾？

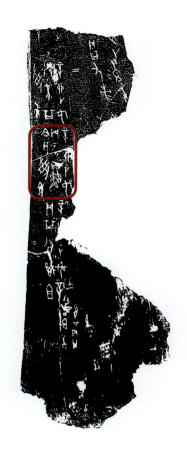

甲骨卜辞菁华·祈年篇

第三期

《甲骨文合集》27255+《甲骨文合集补编》9014（李爱辉缀合）

辞语解析

1. 何，写作👆、👆等形，象人荷物之形，为负荷义之本字。此处用作人名，为何组卜辞中常见的贞人名。
2. 鱼，写作🐟、🐟等形，从自，从鱼，此用作地名。

卜辞大意

辛卯日占卜，贞人何卜问："鱼地今年会有好收成吗？"

大邑受禾

甲子，贞：大邑受禾？

第一期

《甲骨文合集》32176

辞语解析

1. 邑，写作 𝌆、𝌆等形，从口，从卩。《说文》卷六邑部："邑，国也，从口；先王之制，尊卑有大小，从卩。"大邑，即大邑商，指殷商王都。

2. 受禾，与"受年"义近，表示农业丰收。

卜辞大意

甲子日占卜："大邑商会有好收成吗？"

来岁大邑受禾

戊寅，贞：来岁大邑受禾？在六月卜。

甲骨卜辞菁华·祈年篇

第一期
《甲骨文合集》33241

辞语解析

1. 来岁，下一年。

卜辞大意

殷历六月的戊寅日占卜："下一年收获季商都大邑商会有好收成吗？"

妇妌受年

贞：妇妌不其受年？

第一期

《甲骨文合集》9757

辞语解析

1. 妇，写作 λ、λ、λ 等形，在甲骨文中特指贵妇，与现代妇女的含义不同。
2. 妇妌，商王武丁的配偶之一，此指代妇妌的食邑。

卜辞大意

卜问："妇妌的食邑不会有好收成吗？"

附：甲骨文著录简称与全称对照

简称	全称
《丙》	《殷虚文字丙编》
《补编》	《甲骨文合集补编》
《粹》	《殷契粹编》
《村中南》	《殷墟小屯村中村南甲骨》
《东京》	《东京大学东洋文化研究所藏甲骨文字》
《合集》	《甲骨文合集》
《后》	《殷虚书契后编》
《花东》	《殷墟花园庄东地甲骨》
《怀特》	《怀特氏等收藏甲骨文集》
《甲》	《殷虚文字甲编》

《戬》　　　　　　《戬寿堂所藏殷虚文字》

《菁》　　　　　　《殷虚书契菁华》

《库》　　　　　　《库方二氏藏甲骨卜辞》

《明藏》　　　　　《明义士收藏甲骨文集》

《前》　　　　　　《殷虚书契前编》

《苏德》　　　　　《苏、德、美、日所见甲骨集》

《天理》　　　　　《（日本）天理大学附属天理参考馆藏品·甲骨文字》

《铁》　　　　　　《铁云藏龟》

《屯南》　　　　　《小屯南地甲骨》

《邺初下》　　　　《邺中片羽初集下》

《乙》　　　　　　《殷虚文字乙编》

《佚》　　　　　　《殷契佚存》

《英藏》　　　　　《英国所藏甲骨集》

陈梦家：《殷虚卜辞综述》，中华书局，1988年。

陈奇猷校释：《吕氏春秋新校释》，上海古籍出版社，2002年。

郭旭东：《论甲骨卜辞中的"稻"字》，《中原文物》2006年第6期。

何景成：《甲骨文字诂林补编》，中华书局，2017年。

胡厚宣：《甲骨学商史论丛初集》，齐鲁大学国学研究所，1945年。

胡厚宣：《殷代农作施肥说》，《历史研究》1955年第1期。

胡厚宣：《殷代农作施肥说补正》，《文物》1963年第5期。

胡厚宣：《再论殷代农作施肥问题》，《社会科学战线》1981年第1期。

黄怀信，张懋镕，田旭东：《逸周书汇校集注（修订本）》，上海古籍出版社，2007年。

黄天树：《甲骨拼合集》，学苑出版社，2010年。

李爱辉：《甲骨拼合第429～433则》第433则，中国社会科学院先秦史研究室网2018年7月29日。甲骨拼合第429～433则【李爱辉】（xiangin.org）http://www.xiangin.org/blog/archives/10825.html.

林宏明：《醉古集》，万卷楼，2011年。

刘桓：《殷契存稿》，黑龙江教育出版社，1992年。

孟世凯：《殷商时代田猎活动的性质与作用》，《历史研究》1990年第4期。

彭邦炯：《甲骨文农业资料考辨与研究》，吉林文史出版社，1997年。

裘锡圭：《裘锡圭学术文集》，复旦大学出版社，2012年。

［清］阮元校刻：《十三经注疏·尔雅注疏》，中华书局，1980年。

［汉］司马迁：《史记》，中华书局，1982年。

宋镇豪：《商代史·商代社会生活与礼俗（卷七）》，中国社会科学出版社，2010年。

宋镇豪主编，孙亚冰、林欢著：《商代史·卷十：商代地理与方国》，中国社会科学出版社，2010年。

唐兰：《殷虚文字记》，中华书局，1981年。

王国维：《殷卜辞中所见殷先公先王考》，《观堂集林》，中华书局，1959年。

王蕴智：《商代文字结体例说》，《字学论集》，河南美术出版社，2004年。

王蕴智：《殷商甲骨文研究》，科学出版社，2010年。

［汉］许慎：《说文解字》，中华书局，1963年。

杨树达：《积微居甲文说》，上海古籍出版社，2006年。

姚孝遂：《甲骨刻辞狩猎考》，《古文字研究》第6辑，中华书局，1981年。

姚孝遂：《牢宰考辨》，《古文字研究》第9辑，中华书局，1984年。

姚孝遂：《姚孝遂古文字论集》，中华书局，2010年。

于省吾：《从甲骨文看商代的农田垦殖》，《考古》1972年第4期。

于省吾：《甲骨文字释林》，中华书局，1979年。

于省吾主编：《甲骨文字诂林》，中华书局，1996年。

张军涛：《商代中原地区农业研究》，郑州大学博士学位论文，2016年。

赵锡元：《甲骨文稻字及其有关问题》，《吉林大学社会科学学报》1988年第1期。

郑杰祥：《商代地理概论》，中州古籍出版社，1994年。

钟柏生：《殷商卜辞地理论丛》，艺文印书馆，1989年。